DESIGN SERIES **13**

SKETCH 5,000 CUT
ILLUSTRATION 02
약화5,000컷 02

미술도서연구회 편

도서출판 오람

인 물

5

10

13

동화속의 주인공

동 물

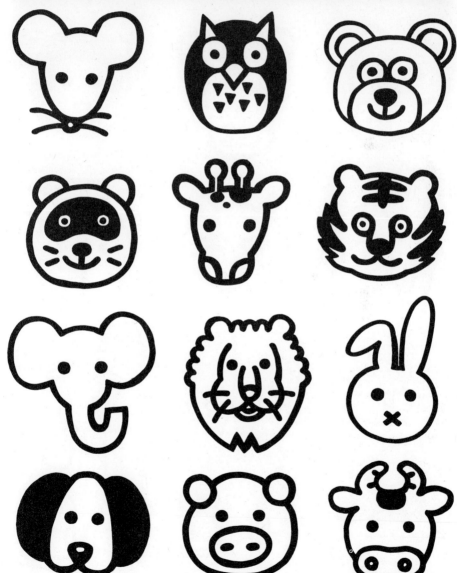

조 류

곤 충

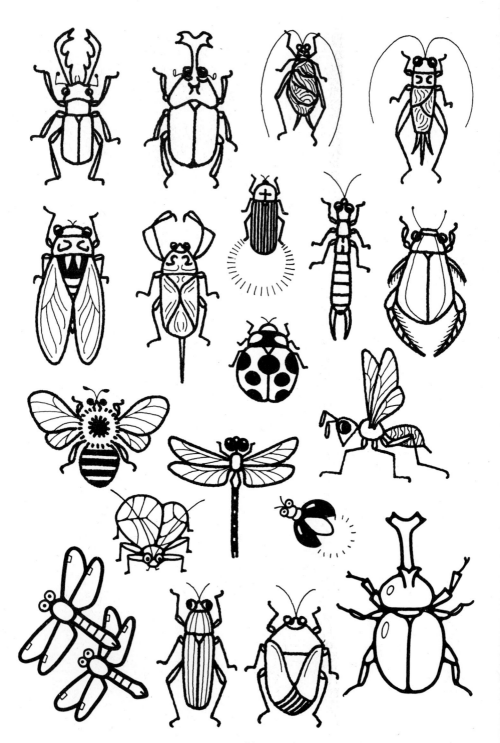

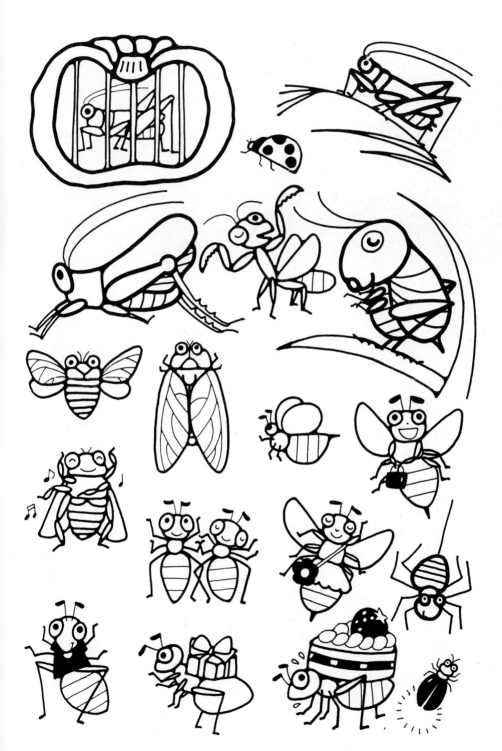

어 류

식 물

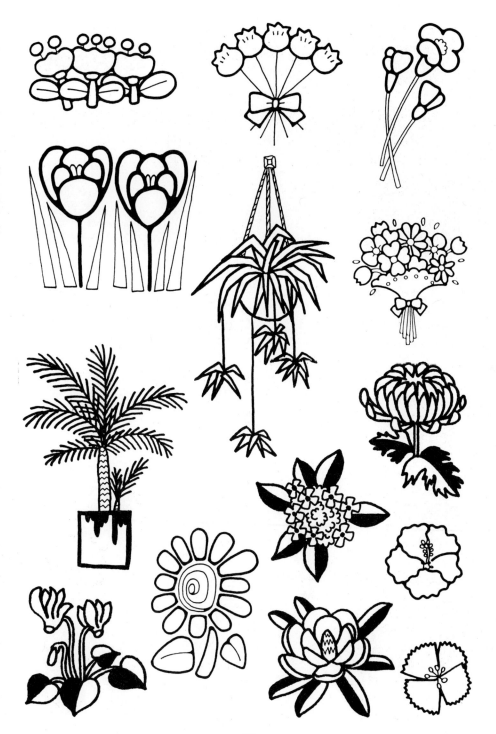

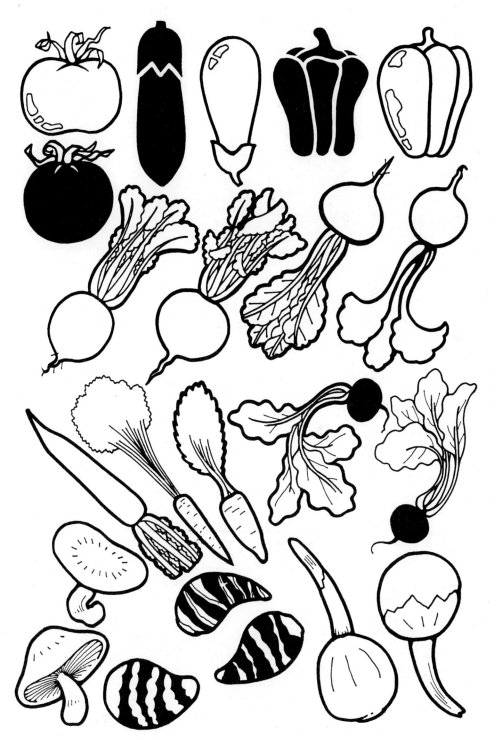

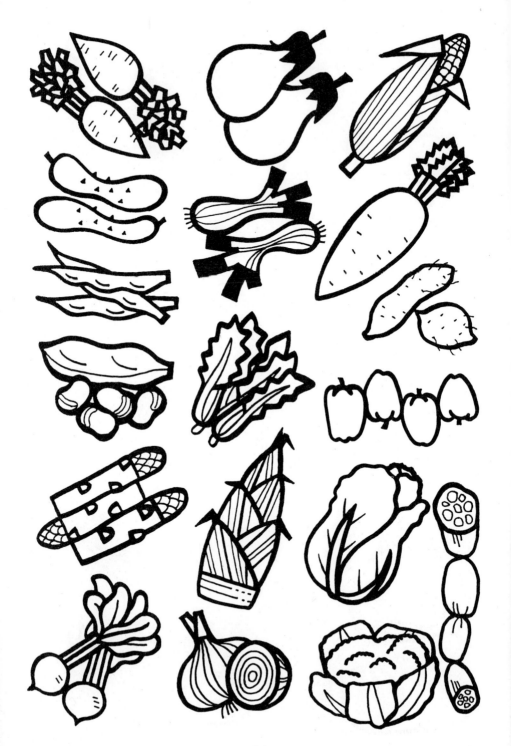

103

기물·인형·의류

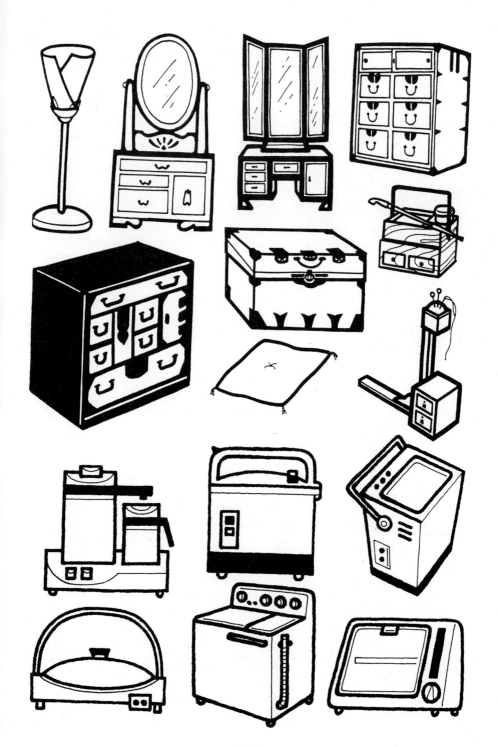

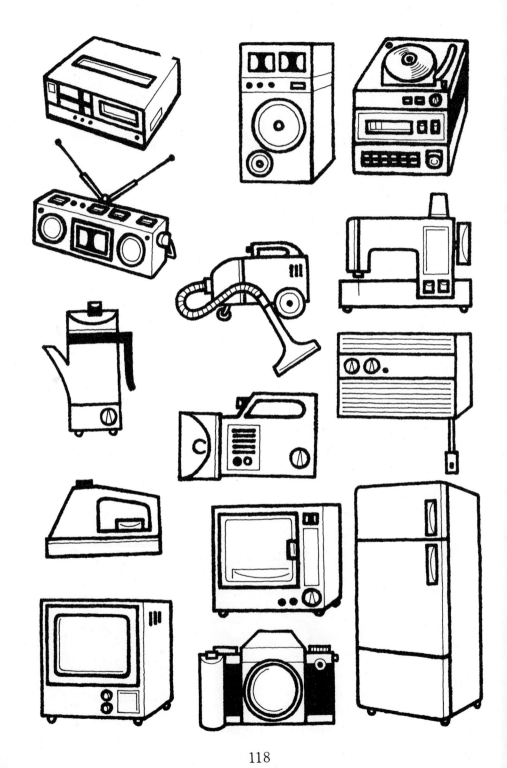

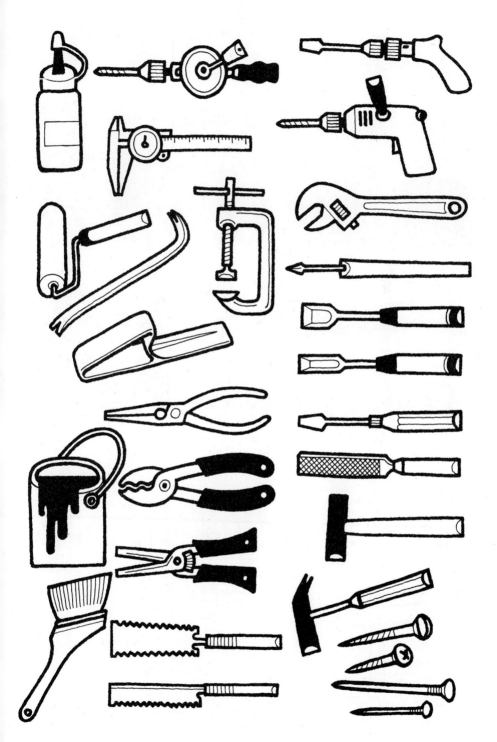

119

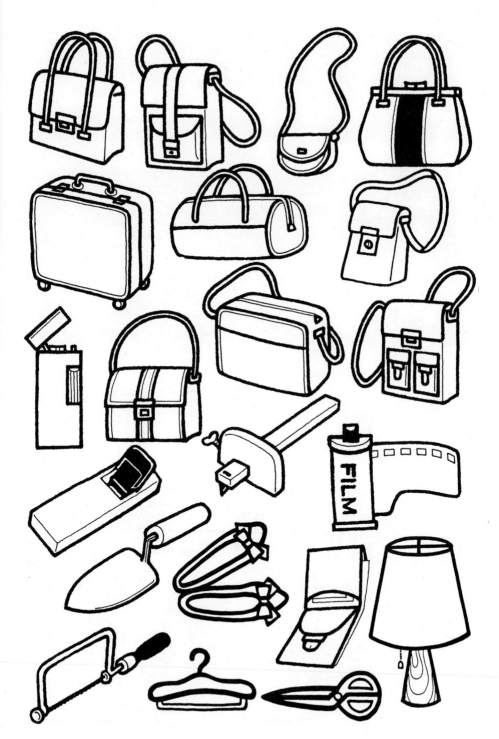

탈 것

건물·풍경

별자리

일필(一筆)컷

월별 컷 자료

1 월

163

169

4 월

어버이날

6월

183

194

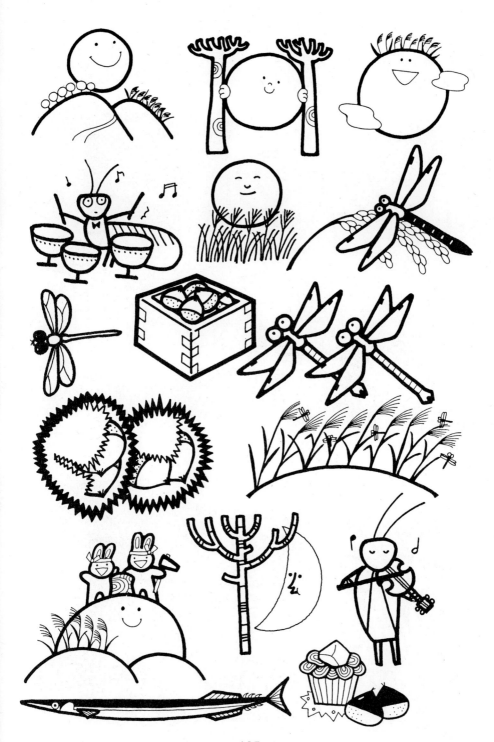

199

12 월

211

MERRY X'MAS

미니 컷

224

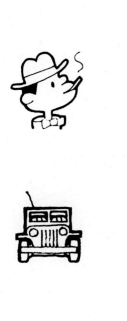

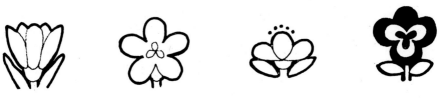

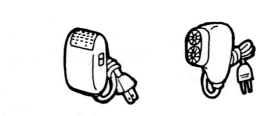

판권본사소유

약화5,000컷 02
SKETCH 5,000 CUT
ILLUSTRATION 02

2008년 1월 8일 2판 인쇄
2018년 10월 22일 3쇄 발행

저자_미술도서연구회
발행인_손진하
발행처_ 도서출판 오럼
인쇄소_삼덕정판사

등록번호_8-20
등록일자_1976.4.15.

서울특별시 성북구 월곡로5길 34
#02797 TEL 941-5551~3
FAX 912-6007

값 : 11,000원

ISBN 978-89-7363-163-6
ISBN 978-89-7363-706-5 (set)